Pierre-Gervais Majeau

Parcours Varoniens

Pierre-Gervais Majeau

Parcours Varoniens

Les grands axes de la pensée théologique de François Varone

Éditions Croix du Salut

Impressum / Mentions légales
Bibliografische Information der Deutschen Nationalbibliothek: Die Deutsche Nationalbibliothek verzeichnet diese Publikation in der Deutschen Nationalbibliografie; detaillierte bibliografische Daten sind im Internet über http://dnb.d-nb.de abrufbar.
Alle in diesem Buch genannten Marken und Produktnamen unterliegen warenzeichen-, marken- oder patentrechtlichem Schutz bzw. sind Warenzeichen oder eingetragene Warenzeichen der jeweiligen Inhaber. Die Wiedergabe von Marken, Produktnamen, Gebrauchsnamen, Handelsnamen, Warenbezeichnungen u.s.w. in diesem Werk berechtigt auch ohne besondere Kennzeichnung nicht zu der Annahme, dass solche Namen im Sinne der Warenzeichen- und Markenschutzgesetzgebung als frei zu betrachten wären und daher von jedermann benutzt werden dürften.

Information bibliographique publiée par la Deutsche Nationalbibliothek: La Deutsche Nationalbibliothek inscrit cette publication à la Deutsche Nationalbibliografie; des données bibliographiques détaillées sont disponibles sur internet à l'adresse http://dnb.d-nb.de.
Toutes marques et noms de produits mentionnés dans ce livre demeurent sous la protection des marques, des marques déposées et des brevets, et sont des marques ou des marques déposées de leurs détenteurs respectifs. L'utilisation des marques, noms de produits, noms communs, noms commerciaux, descriptions de produits, etc, même sans qu'ils soient mentionnés de façon particulière dans ce livre ne signifie en aucune façon que ces noms peuvent être utilisés sans restriction à l'égard de la législation pour la protection des marques et des marques déposées et pourraient donc être utilisés par quiconque.

Coverbild / Photo de couverture: www.ingimage.com

Verlag / Editeur:
Éditions Croix du Salut
ist ein Imprint der / est une marque déposée de
AV Akademikerverlag GmbH & Co. KG
Heinrich-Böcking-Str. 6-8, 66121 Saarbrücken, Deutschland / Allemagne
Email: info@editions-croix.com

Herstellung: siehe letzte Seite /
Impression: voir la dernière page
ISBN: 978-3-8416-9860-5

Copyright / Droit d'auteur © 2013 AV Akademikerverlag GmbH & Co. KG
Alle Rechte vorbehalten. / Tous droits réservés. Saarbrücken 2013

PARCOURS VARONIENS

Les grands axes de la pensée théologique de François Varone

AVANT-PROPOS

Tenter de présenter en quelques articles les grands axes de la pensée théologie de François Varone relève d'une certaine témérité. Mais il faut faire connaitre cette pensée théologique capable de nous libérer de nos vieux ferments théologiques afin de passer de la religion à la foi. Cette pensée varonienne est tellement libératrice pour l'acte de foi car elle nous fait prendre conscience d'une réalité grave : si les thèses de la religion avait contaminé notre lecture de la Parole de Dieu; si la pensée religieuse et païenne avait contribué à bâtir un système religieux ambigu au lieu de nous amener à endosser la pratique prophétique de Jésus?

Résurrection: mais pour quel corps?

Comme chrétiens, nous devons toujours être prêts à rendre compte de notre espérance. Nous devons le faire en termes audibles pour les gens d'ici et de maintenant. De plus, pour être fidèles au message révélé, nous devons nous libérer d'une conception dualiste de l'homme vu comme un composé d'une âme et d'un corps, conception plutôt tributaire de la pensée grecque et occidentale globalement. Il est urgent aussi de nous libérer d'une conception « matérialisante » de la résurrection. Ressusciter ce n'est pas redevenir comme avant mais c'est continuer comme après. Nous allons tenter d'apporter en 15 points la pensée lumineuse du théologien François Varone au sujet de la résurrection à l'aide de son livre CE DIEU JUGE QUI NOUS ATTEND.
(Cerf, 1993).

1) Si nous considérons l'être humain comme un être composé d'un corps et d'une âme, la mort devient donc la destruction de l'union du corps et de l'âme. Selon cette conception de l'être humain, le salut après la mort est le propre de l'âme jugée et acceptée dans la vision béatifique et l'autre partie de l'être humain est en attente de la résurrection finale vue comme la restauration du corps physique. Cette conception de la résurrection est absente dans le Nouveau Testament.

2) Il est plus heureux de considérer l'être humain comme composé de l'Âme et de la Matière qui ensemble constituent le corps de l'homme. L'Âme fait donc partie du corps dont elle est la structure intérieure et informatrice.

3) L'Âme ne préexiste donc pas au corps venant à lui comme d'un dépôt divin. Elle ne vient pas au corps pour être soit punie, soit mise à l'épreuve

dans le corps en vue de mériter un salut. Cette vision des choses ouvre la porte à l'hypothèse de la réincarnation, hypothèse aux antipodes de la foi chrétienne.

4) L'être humain, c'est son corps, matière structurée et informée par l'âme. À la mort, le corps est privé de son Moi intérieur (Âme) et il redevient simple matière. L'état de presque néant où se trouve le Moi, par le fait de la mort, constitue une contradiction métaphysique qui en appelle à un état ultérieur, à une solution de cette contradiction. Le Moi (l'âme) ou le principe informant et structurant, ne saurait rester dans cet état intermédiaire qui tient à la fois de l'existence et de la non-existence.

5) La mort est la fin du corps par rupture de la composition Moi et Matière. La Matière n'étant plus structurée par le Moi, va vers son propre chemin de désorganisation. Le Moi, dans la mesure où il transcende la matière, survit à la rupture de la mort. Mais dans la mesure où n'étant pas et n'ayant jamais été un pur esprit, le moi ne peut exister activement qu'à travers la matière qu'il structure, la mort l'enferme totalement sur lui-même.

6) La mort n'ouvre au Moi ni le néant ni la libération mais une sorte d'état de coma métaphysique, en soi irréversible.

7) Le Moi (siège de la conscience ou de l'âme) est spirituel, donc immortel, il perdure comme Moi unique où culmine l'évolution et tel qu'il est modelé par son histoire mais il est privé du corps dont il était l'intériorité structurante et par lequel il était en relation avec le monde, il est comme non-existant, il dort… Voilà jusqu'où peut aller la réflexion philosophique sur la mort et ses suites. Laissons donc la parole à la Révélation maintenant.

8) Dieu, perçu comme Englobance ou Providence, ne peut laisser dans

cet état l'homme, cet existant ne-presque-plus exister (coma), à cause de sa fidélité bienveillante. Il se fait le PASSEUR vers l'au-delà des Moi réveillés, libérés de leur enfermement, de leur coma irréversible, de leur condition de non-existence.

9) La Révélation viendra nous apprendre que la résurrection, c'est la victoire sur la mort grâce à la Puissance de Dieu, c'est l'accès à la réalisation parfaite du désir humain de plénitude, puisque le Christ, l'Homme nouveau, y devient parfait et Seigneur et par le fait même, il devient l'ainé d'une multitude de transformés, de ressuscités. . Le désir du fils d'homme de devenir fils de Dieu y est pleinement réalisé.

10) Dieu n'est pas le Dieu des morts mais bien le Dieu des vivants : pour Lui tous les morts sont des vivants. Entre le monde de la mort et celui de la résurrection, la CONTINUITÉ est d'ordre personnel et existentiel entre le corps psychique ou terrestre et corruptible et le corps spirituel ou incorruptible.

11) Mais il y a rupture ou DISCONTINUITÉ matérielle entre ces deux corps (Cf 1 Co 15,35-58). Pour exprimer le contenu de la résurrection, l'apôtre Paul utilise le terme de CORPS SPIRITUEL. Le corps devient donc en ce cas pour Paul synonyme de PERSONNE. Pour Paul, la résurrection est donc la transformation spirituelle de la personne.

12) Par la résurrection, le corps spirituel – la personne (comme lieu de relation et de passion) devient un Moi divinisé, établi dans la proximité de Dieu, pleinement identifié à l'Image de Dieu, le Christ, dans l'acquisition de la filiation divine (1 Co 15,28) Dans l'événement de la résurrection il y a donc une transformation, passage d'une forme à une forme, mutation spirituelle, identification à l'Image parfaite qu'est le Christ (2 Co 3,18).

13) S'il y a dans l'événement de la résurrection, « désenfermement », relèvement ou réveil, par la fidélité de Dieu – Englobance créatrice, cela ne se fera pas par RECONSTITUTION de la dimension matérielle du Moi car l'évolution ne connaît pas de retour en arrière et la Révélation nous parle de destruction de la matière (1Co 6,13). Cela se fera par accueil du Moi dans sa nouvelle structure pleinement spiritualisée qui le libérera de son coma et le remettra en relation, dans une existence nouvelle. Tout comme le Père a établi Jésus Fils de Dieu en puissance par la Résurrection, il nous établira pareillement dans la même dignité et dans la même gloire. Le Moi, enfermé dans le coma de la mort, reçoit donc de la fidélité paternelle de Dieu, un lieu métaphysique, une relation où il retrouve pleinement son altérité personnelle.

14) Les textes du Nouveau Testament savent très bien que la résurrection implique, comme face négative, la destruction de la dimension matérielle organique, propre aux corps de ce monde-ci (1Co 6,13) et comme face positive, la construction d'un corps spirituel (ou transformation spirituelle de la personne) qui ne sera pas l'œuvre des hommes (2 Co 5,1). Ces textes parlent de la résurrection comme l'action de la puissance de Dieu, l'Esprit-Saint, qui recrée le monde depuis l'événement de la Pâque du Christ. Les récits des apparitions du Ressuscité ne sauraient justifier une conception « matérialisante » de la résurrection, ces récits ne répondent qu'à des objectifs catéchétiques sur la réalité de la résurrection.

15) La résurrection, amorcée dans les eaux baptismales, se réalisera d'une façon particulière pour chacune des personnes. La résurrection du dernier jour nous rappelle qu'après les résurrections individuelles, l'histoire continue, le ressuscité s'en étant dégagé. Mais il reste lié à ses solidarités humaines. Au sein de l'humanité, tant que Dieu ne sera pas tout en tous, il y aura le temps de la patience qui perdurera jusqu'à ce que se réalise le temps de l'accomplissement où le Christ sera établi comme Seigneur sur toutes

choses. Alors le Christ remettra au Père ce Royaume, recréation du monde. Alors, le Moi, la personne, ayant produit dans son histoire des œuvres d'or et de diamant, des œuvres en pierres précieuses (1 Co 3,12) donc des œuvres d'humanisation passera dans la gloire chargé de toutes ses œuvres et le Moi qui aura produit des œuvres de paille, de foin et de bois par une existence égarée et déshumanisante, passera au feu de la destruction, de la distinction des éléments et ce feu brûlera ces œuvres de paille mais le Moi sera sauvé par pure grâce (1Co 3,12-15) mais sans rien pouvoir garder de ses œuvres.

Une telle vision de ce grand mystère central de notre foi qu'est la résurrection vient nous libérer de toutes tentatives de réduction et de chosification des réalités de la foi et vient surtout nous libérer de beaucoup de malcroyances naïves. Cette vision du grand mystère de la résurrection apporte une vision, une théologie de l'Histoire où chacun de nous constitue un élément essentiel et nécessaire à la gloire de Dieu. Tout en étant respectueux des restes humains (cendres et ossements), nous savons dans la foi, que notre avenir tient davantage d'un désir de Dieu de nous recréer par une transformation spirituelle de notre personne que par la réanimation de nos restes organiques. Décidément, il est grand le mystère de notre foi!

Qu'est-ce qui est en perte au juste : la religion ou la foi?

Depuis l'aube des temps, les humains ont monté des systèmes religieux à leur image et à leur ressemblance. Appréhendant les terreurs ou les menaces de ces dieux imaginés au sein de leur panthéon, ces humains ont structuré des systèmes religieux dans le but de se faire valoir devant ces dieux jaloux ou mesquins. Sacrifices, rites d'expiations, actes méritoires, gestes compensatoires deviennent autant d'outils que les humains inventent dans le but de manipuler ces divinités afin de se mettre à l'abri de leurs terreurs punitives. Quand ces systèmes deviennent établis, ils se donnent des temples, des clergés, des doctrines, des pouvoirs spirituels, des outils d'exclusions et toutes sortes de contraintes morales ou autres. Ce sont ces systèmes religieux ou ces religions institutionnalisées qui sont aujourd'hui suspectés, quittés, rejetés, et qui sont en perte de vitesse partout dans le monde. Comme dit la chanson, faut-il en pleurer? Faut-il en rire? Je n'ai pas le cœur à le dire!

Mais désormais, des prophètes se lèvent pour rappeler la pertinence de l'expérience spirituelle, voire même de la foi biblique. D'ailleurs les prophètes bibliques et le Christ ont sans cesse critiqué les institutions religieuses de leur époque. Le système religieux est certes nécessaire s'il permet à la foi de traverser les civilisations et l'Histoire. Mais ce système n'existe pas pour lui-même, mais seulement dans le but de permettre à la foi de pouvoir se perpétuer. Au cours de l'histoire, les tentations furent nombreuses de faire valoir les institutions au mépris de la foi vécue.

La religion fait valoir Dieu pour qu'il nous soit bienveillant ; dans l'expérience de la foi nous découvrons que c'est Dieu qui fait valoir l'humain. Le christianisme s'est laissé pervertir par les théories religieuses de la satisfaction sacrificielle, mais maintenant il s'en libère de plus en plus.

Désormais, nous pouvons dire que le sacrifice du Christ, son sang versé, n'a pas comme but de mériter le salut, mais de révéler que cette pratique prophétique du sang versé par amour devient un chemin tracé pour conduire l'humanité, à la suite du Christ, à la plénitude de la vie, en sortant l'humanité de sa précarité ontologique et de la mort totale ou elle se croyait enfermée. Toute vie donnée selon la pratique prophétique du Christ, que ce don soit violent ou non, devient un chemin de glorification ou de résurrection. La pratique de vie prophétique du Christ nous révèle que la passion et la mort sont devenues dans l'évènement de la résurrection, des chemins de vie. Le Christ a fait une œuvre de révélation en signifiant que nos chemins de passion sont des chemins de résurrection quand ils sont vécus à la suite du Christ et dans la fidélité à sa pratique. D'ailleurs, le Christ ne s'est-il pas dit lui-même chemin de vie car il nous a libérés de toute mort totale.

En conclusion, on peut affirmer qu'en prenant le chemin du Christ, nous sommes libérés de toutes nécessités expiatrices et compensatrices en vue d'un salut qu'on pensait devoir mériter. Dans la foi, nous réalisons que les souffrances du temps présent, assumées selon la pratique de Jésus, nous paraîtront bien légères en regard la gloire de la résurrection que Dieu va révéler en nous, quand nous serons établis dans notre pleine dignité de filles et fils de Dieu.

Le Hasard ou la Providence?

Dans mon bureau jadis, il y avait au mur une plaque qui portait l'inscription suivante : le hasard est un manteau dont se revêt Dieu pour mieux passer inaperçu. Est-ce si vrai que cela? Si le Dieu des philosophes est la cause première de tout, le rôle de ce Dieu semble s'arrêter là. Dans les faits ce qui existe c'est un monde autonome avec un enchevêtrement de forces, les unes physiques les autres morales. Ce qui existe vraiment c'est l'événement. Face à l'homme, il y a l'événement. Dans l'enchaînement constant des événements, tout provient du hasard devenu nécessité par le libre jeu organisé des forces physiques ou autres. Et quand ce n'est pas le jeu du hasard, existe alors le projet mis en œuvre par l'homme. Et je laisse parler ici François Varone : « Il n'y a pas un Sens global, une Providence, une Pensée qui dirige le tout, il n'y a que cette immense et incessant enchevêtrement de hasards et de libertés, de forces aveugles et de projets humains. Il n'y a pas d'autres sens que ceux que l'homme peut, petit à petit, arracher ou imposer à la réalité, en fonction de son désir de vivre et de ses besoins. » (in Ce Dieu absent qui fait problème. p.84)

Au cours de l'Histoire, les hommes ont élaboré des rites et des systèmes religieux dans le but d'influer sur Dieu afin que ce dernier puisse inter-venir dans l'événement en faveur de l'homme. Le Dieu de ces religieux devait se montrer provident. Pour ces mêmes religieux, l'événement est considéré comme un instrument de l'intervention directe de Dieu dans le cours de l'histoire. Est-ce si vrai que cela? Il ne faut pas s'étonner qu'une telle croyance en la Providence ait engendré tant de révoltes et d'athéismes devant les drames des innocentes victimes surtout. Une telle malcroyance, qui a pour but de faire valoir Dieu, ne tient pas la route. Ou bien l'homme est soumis à un plan préétabli qu'il doit exécuter en automate, obéissant à des ordres divins dans le but de recevoir des mérites ou bien des compensations. Dans le cas contraire, il sera en situation de dé-mérite et de possible punition. Ou encore, s'il traverse une épreuve c'est en vue d'un bien supérieur qu'il doit espérer et attendre dans la soumission.

Que dit la Foi de l'Évangile? Le Dieu de la foi chrétienne n'est ni le Dieu totalement absent des athées ni le Dieu totalement contrôlant des religieux du paganisme. L'Homme est seul face au déroulement incessant des événements, seul face à l'autonomie du monde. L'Homme y fait son bonheur en l'utilisant et en le maîtrisant. Dieu, tout en n'étant pas indifférent à ce qui se déroule dans l'événement, le laisse exister sans intervenir ni pour empêcher ni pour réparer. L'événement n'est donc pas signe de Dieu pour avertir ou pour punir. Dieu n'est ni absent ni contrôlant, il est proche partenaire.

Le seul signe de Dieu dans le monde est venu dans la personne du Christ, dont la présence a été espérée depuis Abraham et tous les croyants bibliques et maintenant rendue visible au sein de l'Église et des Sacrements. En Jésus, Dieu est inter-venu comme une puissance de vie pour l'Homme qui lui, demeure seul pour agir ou subir l'événement. C'est face à l'événement que l'Homme exerce sa liberté, ses responsabilités. Quand le religieux en régime païen voit dans le malheur des punitions ou des remontrances providentielles, le croyant voit dans le malheur rien de permis, mais des séquelles de l'autonomie de ce monde.

En conclusion, le croyant en refusant d'être objet des hasards, en rejetant le rôle d'exécuteur prétendu en régime païen, devient donc créateur d'existence et de sens. En agissant en être de précarité sur l'événement pour épanouir son existence, l'Homme devient donc co-créateur, véritable fils de Dieu. Et devant cet Homme, Dieu n'est ni jaloux ni mesquin mais plutôt partenaire dans le Signe du Christ pour le conduire enfin ou à la fin, à la plénitude de la vie, à la pleine stature du Christ.

Tu as la prière de ta foi

Autrefois, au pied du monument du Sacré-Cœur, jouxtant la Cathédrale de Joliette, il y avait quatre anges. Par leur attitude, chacun exprimait un des aspects de la prière : adoration, louange, intercession et expiation. L'ange de l'expiation et l'ange de l'intercession me posaient déjà question : quelle est la prière souhaitable? Entre le non- prier des athées et le mal-prier des religieux païens, il y a le prier de la foi.

Dans la religion de l'utile, la prière se fait l'expression du besoin et la demande s'accompagne de rites sacrés dans le but de faire fléchir la divinité en faveur de l'homme. Le but de la prière est d'agir sur Dieu pour faire en sorte que le besoin de l'homme l'emporte sur le désir de Dieu. Le religieux païen prie comme un homme limité à la satisfaction de ses besoins; et s'il n'est pas exaucé, il n'hésitera pas à se révolter. Le croyant, lui prie en étant habité du désir de plénitude constamment en bute aux aléas de la vie. Ce Dieu qui se veut absent dans les drames et les combats de la vie humaine, attire sans cesse l'homme au partage de sa plénitude et par la prière, l'homme découvre la mystérieuse présence de ce Dieu Père dont le désir le plus ardent est de nous partager sa vie. La prière du Notre Père exprime à son plus haut point la véritable prière de la foi évangélique, c'est-à-dire l'avancement du règne de Dieu. «Je suis malade, que je guérisse ou pas, cela dépendra de ma résistance et de l'art médical, qu'importe pourvu que dans les deux cas le royaume progresse en moi et par moi.» (in ce Dieu absent qui fait problème, le Cerf, p. 182) Le désir de Dieu c'est son règne ou son royaume. Ce règne existe quand Dieu règne dans l'existence de l'homme et dans l'histoire de l'humanité. Et son règne advient quand l'homme accueille la vie qui vient de Dieu puis la partage aux autres dans la justice et dans la tendresse et quand l'homme fait retourner en louange cette vie ou ce règne vers Dieu.

La prière du païen existe par besoins à exaucer, la prière du croyant est permanente, elle ne peut qu'accompagner l'existence car la prière est l'exercice respiratoire de la foi.

Par la prière Dieu me fait exister et je l'accueille. Dans un deuxième temps je me prépare à exister avec Dieu et finalement je fais exister Dieu comme père qui comble mon désir de plénitude en comblant lui-même son désir de communion avec moi. Comme dit l'apôtre Paul, l'Esprit gémit en nous et nous fait crier vers le Père. L'Esprit, ce don du Père nous est donné pour durer en prière, pour trouver notre identité de fils et pour accéder à la vie définitive.

La prière est assurément efficace lorsque nous demandons la sagesse, la paix, le savoir dans l'Esprit-Saint, bref la connaissance de la liberté dans la foi. Le Père est amour et miséricorde et c'est dans l'accueil de cet amour que nous sommes sauvés d'une précarité définitive. La prière est donc un exercice pour produire des fruits de reconstitution de l'homme dans son sens, sa foi, sa liberté.

Qu'en serait-il de la prière d'intercession? Dans la prière d'intercession, le croyant ne prie pas pour que Dieu agisse mais parce que Dieu agit sans cesse. Dans la prière nous voulons retrouver le sens de cette action divine. Dans la prière d'intercession, le croyant veut faire passer dans sa vie concrète la justice et l'amour reçus de Dieu. Prier pour les autres? Non! Mais porter les autres dans notre prière pour durer dans la solidarité, pour rayonner ou diffuser sa foi et son espérance. Nous croyons, en effet, à la solidarité spirituelle, à l'intensité spirituelle de la vie communionnelle au sein du Corps du Christ (cf. Ep.4,12-16)

Et les morts, faut-il prier pour eux? Il ne s'agit pas de prier pour les morts mais de prier contre la mort. Nous vivons la mort de l'autre comme une amputation d'une partie de soi-même et un début de mort en soi. La mort me prive de tout ce que je recevais de l'autre. Celui qui me faisait exister ne m'atteint plus. Je ressens donc les affres de la mort. Prier contre la mort et avec les morts, c'est s'ouvrir à cet enseignement du Père qui me rappelle qu'avec lui je suis appelé à accueillir la mort et même à la dépasser, c'est donc mener à fond le combat de la foi et grandir dans l'espérance en ce Dieu capable de me partager la victoire déjà acquise dans le Christ de Pâques.

Prier, c'est en définitive faire exister Dieu comme Père pour qu'il nous fasse exister dans la pleine stature de fils et de filles de Dieu, en nous ouvrant à l'avenir de la Résurrection, à la stature de l'homme achevé dans la communion au Dieu vivant. Car dans la foi chrétienne, la résurrection est source de sens et sommet de vie.

La pratique prophétique de Jésus

Le prophète Élie, après l'épopée du Mont Carmel, s'enfuit vers l'Horeb pourchassé par les sbires de la reine Jézabel pour sauver sa peau. Jésus, le nouvel Élie, n'a pas fui, lui, et il est mort, conséquence directe de son combat prophétique. En refusant tout messianisme de puissance, Jésus s'est placé lui-même dans un état de vulnérabilité. Jésus est mort pour nos péchés, disons-nous, dans une formule consacrée mais fort ambiguë, nous ramenant à une lecture religieuse de sa mort voulue comme réparation compensatrice. Jésus est mort pour nous libérer de nos péchés de pouvoir. Voilà l'enjeu de son combat prophétique mené jusqu'au bout. Le combat de Jésus et sa radicalité ne pouvaient que le précipiter dans la mort, étant donné son opposition aux tenants du pouvoir religieux de son temps: scribes, pharisiens, prêtres et anciens.

La formule lapidaire de Jésus: «Rendez à César ce qui est à César et à Dieu ce qui est à Dieu» (Lc 20,25), résume bien son combat prophétique. En séparant César de Dieu, Jésus désacralise, «désabsolutise», tout pouvoir. Il n'est jamais innocent de réserver à Dieu l'absolu et de l'ôter à tout pouvoir humain. Jésus s'attaque au pouvoir religieux de son temps, à sa capacité de contrôle et de domination, en se prétendant de l'absolu de Dieu. Jésus par sa pratique en démontre toute la perversité, en réhabilitant ses victimes qui nous précéderont, dit-il, dans le royaume. La pratique prophétique de Jésus n'est que l'envers de celle des tenants du système religieux de son temps. Sa pratique positive en faveur des opprimés, des impurs, s'inscrit dans une vision de messianisme humain. Jésus assume la fragilité humaine qui se camouflerait en vain dans les mensonges de toute puissance. Il enjoint également ses disciples d'endosser la même pratique: porter les infirmités et les maladies, pas par substitution en vue de mérites, mais par souci de libération de tout fatalisme et de toute forme de condamnation. Jésus veut donc libérer ses disciples de toutes les sécurités mensongères du pouvoir pour les amener à assumer leur précarité, en vue de se laisser engendrer à la condition de fils de Dieu. C'est l'expérience qu'Élie a vécu au mont Horeb.

Suivre Jésus, c'est quitter des sécurités, c'est s'engager dans des tempêtes menaçantes, c'est choisir de pratiquer la non-recherche de puissance, d'insertion dans les structures du pouvoir, du faire-valoir et de l'avoir, c'est choisir la proximité des faibles et des exclus. «Le sabbat a été fait pour l'homme et non l'homme pour le sabbat» (Mc 2,27), parole lapidaire qui dénie au pouvoir religieux tout absolutisme et qui démasque ses tenants de leur appétit de domination. L'évangéliste Marc nous fait voir en cinq actes comment la pratique de Jésus le conduit inexorablement à sa perte: 2,1-12: Jésus s'arroge le droit de pardonner des péchés; 2,13-17: Jésus appelle Lévi et avec lui les exclus; 2,18ss: l'enseignement sur le jeûne; 2,23-28: Jésus se dit maître du sabbat; 3,1-16: Jésus viole le sabbat par une guérison. Une pratique prophétique qui révèle donc un Dieu différent: le Dieu des miséricordes et non des sacrifices. Ce Dieu n'exige pas un système pénal de compensation et de réparation formelle pour le pardon des péchés. Une telle révélation vient donc ébranler tout un système et met Jésus dans un état de précarité mortelle. La passion du Christ sera donc en premier lieu une passion pour l'homme libéré et cette passion lui vaudra l'autre passion, celle de la croix.

«J'achève dans ma chair ce qui manque aux souffrances du Christ pour son corps qui est l'Église». (Col.1, 24) Voilà comment l'apôtre Paul annonce qu'il endosse lui-même la pratique du Christ, posant les mêmes gestes de libération, rappelant les mêmes paroles de pardon et d'inclusion durant tout son ministère, afin de compléter la mission du prophète Jésus, en croisant les mêmes souffrances que Jésus, afin de continuer la croissance du corps de l'Église. Il en est ainsi pour tout chrétien, refusant toute structure de contrôle, d'exclusion, voire d'excommunication, pour devenir serviteur. Pour vous rien de tel, dit Jésus, en stigmatisant les comportements des puissants de son temps. Le seul maître, c'est le Christ! Le seul capable de combler notre désir de plénitude, sinon il y a risque de détournement vers les mensonges du pouvoir. Une telle pratique évangélique va à contre-courant du monde normal. Un pouvoir religieux qui se dirait serviteur, mais qui de fait produirait une domination d'autant plus totale que perfide, parce qu'elle s'appuierait sur l'autorité divine, ne révèlerait plus la différence chrétienne. Le plus grand se fera serviteur, dit Jésus. À cause de sa connaissance du Dieu différent: le Dieu de l'Horeb, le Dieu du souffle ténu, du Dieu de miséricorde, le Père, Jésus sait que Dieu est proche de tous ceux qui se croient indignes. Jésus annonce que la seule dignité est celle d'appartenir au Royaume. Le disciple ne peut se prévaloir de ce titre de serviteur à la suite de Jésus, s'il tente de travestir ce service en pouvoir sur autrui.

C'est en présentant trois paramètres que Jésus décrit la pratique différente que ses disciples sont appelés à endosser: l'enseignement des béatitudes, la critique de l'argent et l'annonce de la règle d'or. Malheureusement, les béatitudes ont été perverties par une relecture compensatrice ou satisfactionnelle: il s'agirait de souffrir pour plaire à Dieu et l'apaiser, comme Jésus l'aurait fait sur la croix en se pliant à la domination sado-maso d'un Dieu. Pratiquer l'enseignement des béatitudes ne veut pas dire se complaire dans la souffrance et dans la médiocrité pour obtenir des mérites ou réparer avec Jésus, mais c'est plutôt garder le cœur pur, le désir de plénitude refusant tout mensonge venant de l'argent, du pouvoir et du faire-valoir. Le défi du disciple: protéger sa pureté et sa différence tout en étant artisan de paix, de justice, de pardon, être parfait comme le Père céleste en imitant sa manière d'agir, sa perfection, sa bienfaisance, sa bonté, sa miséricorde et sa compassion. La seule loi, c'est le besoin de l'autre, le désir de l'autre reconnu en se mettant à sa place. Dans une telle pratique prophétique, toute systématisation de la foi devient donc questionnable.

En terminant, je rappelle l'apport théologique de François Varone qui m'a guidé au cours de cette réflexion. (cf. Ce Dieu censé aimer la souffrance. éd. du Cerf.)

LA SOUFFRANCE : drame de salut!

Jadis j'animais une émission de télévision sur le canal Vox et je recevais souvent des invités pour des interviews portant sur des sujets de la foi. Un jour, je reçus le Cardinal Léger pour aborder le sujet de la souffrance. J'avais choisi comme titre de l'émission « Souffrir et s'offrir » en ne me doutant pas encore de ma vision compensatrice de la souffrance. Mais le Cardinal Léger n'a pas frayé dans cette vision tout au long de l'interview. Jamais il n'a affirmé qu'on devait offrir sa souffrance pour qu'elle soit méritoire.

Dans son projet d'alliance première, la création, Dieu-Père a voulu attirer le néant vers l'être à travers un parcours jalonné de joies et de souffrances pour le conduire vers sa propre plénitude. L'histoire est donc un devenir-divin où s'affrontent des forces de diminution et de croissance. « Le monde actuel ne se comprend pas comme les restes détraqués d'une perfection originelle mais bien comme le formidable exode de la vie, entre le néant et l'Infini. » (Ce Dieu censé aimer la souffrance, p. 210.)

On a répété abusivement que la souffrance offerte devenait méritoire et répondait au besoin de satisfaction d'un Dieu offensé qui donnait son pardon parcimonieusement et équivalemment à la réparation exigée et compensatrice.

C'est là en résumé le discours que tiennent les tenants de l'interprétation religieuse du salut. Que dit le discours de la foi? François Varone résume en neuf thèses fort lucides sa vision de la souffrance comme parcours possible sur le chemin de la gloire. À la suite de François Varone, nous les reprendrons ici brièvement. Thèse 1 : La souffrance humaine n'est pas la conséquence d'un péché originel. Vaudrait mieux parler de manque originel de moyen de salut que de péché originel! Thèse II : La souffrance humaine ne revêt pour Dieu aucune valeur de compensation ni de réparation. Thèse III : La souffrance humaine n'est pas voulue par Dieu pour avertir ou punir quiconque serait sur le chemin de la perdition. Thèse IV : La souffrance humaine est le résultat normal de la fragilité physique et morale de l'être humain, elle est donc naturellement normale. Thèse V : À la fragilité, à la précarité humaine comme cause de la souffrance s'ajoutent également la méchanceté et la violence de certains êtres humains. D'autres causes s'ajoutent également à la souffrance humaine, je fais référence ici aux séismes par exemple. Thèse VI : Cette précarité humaine, cette vulnérabilité devient donc une provocation voire même un scandale pour le désir que possède l'être humain en quête de salut, de plénitude. Thèse VII : Sans être voulue ni envoyée, ni organisée par Dieu, la souffrance fait partie du monde matériel en devenir que Dieu a voulu et veut sans cesse. Thèse VIII : Cette condition de fragilité et de précarité, Dieu la veut pour l'homme pour que dans la foi, l'espérance et l'endurance, elle soit la route de son devenir permettant à son désir souvent heurté par l'épreuve, devienne une capacité de la gloire de Dieu. Ce parcours d'engendrement à la participation de la plénitude divine se vivra donc à travers les méandres douloureux de la vie. Thèse IX : La souffrance n'est pas porteuse de valeur de salut en soi. Son efficacité propre est d'être une provocation du désir et de la liberté, un chemin de foi et de persévérance, un tremplin nécessaire pour faire de l'homme, définitivement, un fils de Dieu.

Cette vision de foi de la souffrance vient nous libérer de multiples malcroyances qui ont si souvent perverti notre pensée chrétienne. Et que dire de Jésus face au drame de la souffrance? Ici encore François Varone nous présente en neuf thèses sa vision théologique de la souffrance que Jésus a rencontrée dans sa pratique prophétique. Thèse I : Jésus ne vient pas restaurer un premier plan de Dieu, il ne vient pas réparer les erreurs premières du créateur. Il endosse dans son incarnation, la condition humaine dans toute sa précarité pour être la Tête de l'humanité, celui en qui l'humanité va enfin aboutir à la plénitude de son désir de salut voire d'éternité. Thèse II : Jésus ne vient pas se substituer à quiconque pour porter des souffrances réparatrices mais bien pour nous dévoiler le plan de Dieu : engendrer l'homme dans sa gloire, sa plénitude divine. Thèse III : Le destin tragique du prophète Jésus n'a pas été mis en scène par Dieu. Thèse IV et V : Le destin de Jésus est l'aboutissement normal d'une situation où Jésus n'étant couvert par aucune force politique ou autre et menant un combat contre les tenants du pouvoir religieux de son temps, devient donc vulnérable et perdu. Thèse VI : Jésus assume donc dans la fidélité ses peurs et ses angoisses demeurant sans péché en maintenant jusqu'au bout sa pratique de vérité, sa confiance en Dieu capable de le ressusciter, maintenant donc sa pratique de service et d'amour. Thèse VII : Sans avoir organisé le supplice du Christ, Dieu a voulu que son Fils entre et assume la condition humaine et nous révèle que cette condition humaine est potentiellement un chemin de salut, de plénitude. Thèse VIII : Ce passage de Jésus à travers la souffrance, Dieu l'a voulu pour en faire le chemin vers la gloire, pour y engendrer le Premier NÉ, le précurseur de la multitude humaine. Thèse IX : La souffrance de Jésus devient donc l'occasion de nous révéler l'amour qu'il nous porte, sa passion pour nous, et pour nous, la possibilité de le reconnaitre comme le révélateur du chemin du salut, du passage vers la plénitude. Il nous apprend que toute vie donnée par amour et dans l'amour et dans la fidélité à sa pratique évangélique devient donc une voie où Dieu nous engendre dans la pleine stature de fils et de filles.

Et nous qui sommes aux prises avec le drame de la souffrance tout au long de notre existence, nous sommes donc appelés à endosser la même pratique révélatrice de sens : assumer et transformer nos pertes en gain, en occasion de croissance spirituelle. Souffrir avec le Christ, assumer les mêmes luttes dans le compagnonnage pour rendre à notre monde le service du sens : annoncer que la souffrance peut devenir un parcours d'engendrement à la plénitude. Ce que Dieu aime ce n'est pas que nous souffrions mais que dans la souffrance, nous grandissions dans le compagnonnage avec le Christ, dans l'accueil de l'Esprit-Saint qui est celui qui recrée et qui ressuscite et dans la foi au Créateur fidèle qui engendre à la vie en plénitude.

Quand donc allons-nous quitter nos relectures biaisées de la souffrance expiatrice? La théologie dite de la satisfaction distrait l'Eglise de sa mission première, dans la fidélité à la pratique du Christ, pour la centrer sur la gestion de rites religieux censés aptes à plaire à Dieu. Les femmes et les hommes de ce temps, conscients de cette dérive théologique, délaissent logiquement l'Eglise en se sécularisant, à moins que dans une autre logique, celle de l'Esprit de Jésus, ils travaillent concrètement à augmenter en elle l'autre dérive, celle de Sarepta et de l'Horeb, celle du Reste évangélique, celle de la foi. Quel beau chantier pastoral que de faire découvrir ce chemin vers la plénitude.

RELIGION OU FOI : LA QUESTION DE L'HEURE!

Dans l'expérience de la religion, je perçois un Dieu à apaiser, comme une puissance à émouvoir. Dans l'expérience de la foi, je me perçois aimé de Dieu, en alliance avec lui, vivifié par sa personne. Dans l'événement fondateur de la foi chrétienne qu'est la résurrection du Christ, le vrai visage de Dieu est révélé au grand jour : Dieu est puissance de vie pour nous dans le Christ. La plupart des croyants s'arrêtent au seuil de la foi, pensant que la pratique méticuleuse des rites religieux met en règle avec Dieu; permet d'acquérir un droit de salut mérité! Franchir le seuil de la foi, c'est devenir croyant comme Abraham qui a cru que Dieu pouvait aller jusqu'à relever son fils immolé. Abraham et sa femme Sarah, devenus trop vieux pour enfanter et devenus ainsi comme des morts, revivront à travers le non-existant, Isaac. Le père et la mère de la foi ont donc fait l'expérience de Dieu Puissance de vie pour l'homme. À leur suite, tout croyant empruntera le même chemin révélé, le chemin de la foi.

L'élément moteur de la religion, c'est la peur. L'élément moteur de la foi, c'est l'amour. « De peur, il n'y en a pas dans l'amour, le parfait amour jette dehors la peur, car la peur implique un châtiment, et celui qui a peur n'est pas accompli dans l'amour. » (1 Jn 4, 18) Retomber en religion, c'est se remettre sous le joug sécurisant de la loi en espérant la récompense de Dieu pour tous nos actes méritoires. Agir dans la foi, c'est affronter l'insécurité des choix, des erreurs possibles car la liberté est rarement sécurisante. La religion ne retient des paroles du Sinaï que les commandements qui permettent d'être en règle; la foi retient d'abord la parole qui introduit les dix commandements et cette parole rappelle en premier lieu que Dieu est libérateur, donc une puissance de vie pour l'homme! (Ex. 20,1) Si Dieu est libérateur, tu seras toi aussi libérateur pour être en prolongement de cet acte libérateur et créateur incessant. La religion de la Loi a rendu un bien mauvais service à Dieu en le montrant ennemi et jaloux de l'homme. Dans la foi, nous percevons la pratique de la loi comme un outil nous permettant de demeurer en alliance avec le Dieu-Père et ainsi de grandir en état d'alliance!

Le peintre Il Guercino a peint en 1647, un tableau de la Samaritaine portant une cruche bleue. Et Jésus porte un manteau bleu sur ce tableau. Rappelons-nous que le grand-prêtre portait un manteau bleu pour officier dans le temple. Jésus est donc représenté comme le grand-prêtre de la nouvelle alliance capable de faire jaillir de nos cruches desséchées des sources d'eau vive, des sources de vie éternelle. La Samaritaine devra donc rapporter à la ville cette source jaillissante en vie éternelle, le salut devenu puissance de vie pour l'homme. Cette femme-apôtre vient de passer du règne de la religion jalouse de ses prérogatives rappelées par l'opposition entre Garizim et Jérusalem, au règne de la foi, révélation de la plénitude offerte. Avec le Christ, l'heure est venue désormais où on peut adorer en vérité, accueillir la révélation du don reçu pour vivre déjà en alliance. Après avoir parlé de religion avec cette femme venue au puits de Jacob, voilà que Jésus lui parle de ses amours. En s'intéressant à ses amours, Jésus révèle que Dieu souhaite que le désir qui habite le cœur humain trouve enfin sa plénitude dans le désir de vie en plénitude dont Dieu rêve pour nous. Je citerai ici un passage fort lumineux de l'auteur François Varone qui nous inspire fortement tout au long de notre réflexion : « En bref, c'est l'existence humaine dont le désir exulte dans l'accueil de la révélation du don de Dieu. Mais une telle existence se trouve libérée de la religion : son problème n'est plus de trouver le rite efficace pour atteindre Dieu. Son seul intérêt, c'est d'exister et de faire exister dans la mouvance du don reçu. C'est avec Dieu, d'exister pour épanouir le désir des hommes... voilà un engagement réel qui se passe en esprit et en vérité. » (In *Ce Dieu absent qui fait problème*, p. 73) Tandis que le dieu païen exige des adorateurs et des victimes expiatoires, tandis que l'athée est dégoûté de toute religion aliénante devant faire valoir le dieu mesquin et jaloux, le croyant découvre dans l'adoration en esprit et en vérité que l'homme et Dieu ne sont plus dans le faire-valoir mutuel, que l'homme est plus lui quand Dieu est d'autant plus lui.

Platon nous rappelle dans son fameux *Banquet* cette légende présentant les origines du monde. À cette époque, tous les êtres humains étaient parfaits, androgynes. Le maître des dieux en vint à la conclusion que si ces humains se découvraient dans leur plénitude originelle, ils se révolteraient contre les dieux et cesseraient de leur offrir des sacrifices. Zeus, ce maître des dieux, s'en ouvrit à Apollon et ils en vinrent à la conclusion qu'il fallait séparer les humains en deux, hommes et femmes pour les affaiblir. Ces derniers, tout en essayant de refaire leur unité rompue, ne trouveraient plus le temps de se révolter contre les dieux mais au contraire, se tourneraient vers eux en prenant conscience de leur précarité. En régime païen, tout système religieux doit faire valoir Dieu pour qu'il prenne en compte notre situation précaire et nous épargne enfin de toute mort. En régime de foi, l'homme est naturellement en manque de moyen de salut et de plénitude et c'est le Dieu-Père qui lui propose par pure grâce, cette possible plénitude. Dieu est non pas mesquin comme ces dieux olympiens mais il est puissance de vie pour l'homme. Tout croyant, à l'instar de la Samaritaine, retournera en ville, où il est possible de vivre les vrais engagements de résurrection du monde afin de révéler que Dieu est puissance de vie.

Dans la ville séculière, le croyant endossera la pratique du Christ, celle des Béatitudes, dans le but de se maintenir et de grandir dans ce Royaume. Il exercera la triple mission du Christ prêtre, prophète et roi. Il poursuivra avec le Christ, en Église et dans la ville séculière, ce triple service pour libérer le désir de l'homme, ce désir de plénitude, et ainsi le faire accéder à cette plénitude voulue par le Dieu-Père. Le prophète, familier de la Parole, sera un éclaireur sur le chemin de la vie durable. Le disciple, agent du Royaume, exercera cette royauté évangélique, transformera cette ville en lui donnant des signes de Royaume. Enfin le croyant sera le prêtre, le célébrant de ce monde afin de le faire passer dans la gloire de la nouvelle création, de la Résurrection. Ce qui intéresse Dieu, c'est que l'homme existe pleinement. C'est là sa gloire, sa plénitude. Tandis qu'en régime païen, l'activité religieuse laisse Dieu indifférent : « Vos solennités, je les déteste! » (Is.1, 10), l'existence réelle l'intéresse au plus haut point, car il y a entre Dieu et le croyant, la même relation achevée qu'entre le père, la mère et l'enfant.

SE DÉFAIRE DE SES POISONS
POUR UNE FOI POSSIBLE ENCORE!

Parce qu'Israël s'est endurci dans ses prétentions de salut acquis, il s'est enfermé dans la suffisance. La même tentation guette l'Église : la suffisance! Demeurer dans la foi, c'est demeurer bénéficiaire de la Miséricorde jamais considérée comme méritée, acquise, monopolisée. L'Église n'est pas propriétaire du salut, elle en est le signe devant l'Histoire par pur choix gratuit de Dieu qui demeure le seul auteur du salut. L'Église est signe de salut parmi d'autres signes qui apportent des portions de réponse aux frustrations désespérées du désir constamment mis en échec par les détresses de l'existence. Quitter la tentation de la suffisance, pour révéler au monde dans le respect , les voies du salut, voilà l'appel reçu par l'Église : être signe de salut à travers sa propre précarité, sa propre fragilité. L'Église est servante et signe de la Miséricorde de Dieu jamais acquise, jamais possédée. Elle se fera patiente et humble et aucunement méprisante pour tous ceux qui refusent de passer dans la Miséricorde du Dieu capable de combler tout désir de plénitude. L'Église ne se fera jamais porteuse de condamnation devant les désirs égarés ni sectaire en se drapant de toute prétention de pureté.

L'Église ne cherchera pas non plus à monopoliser le salut par des tentatives d'endoctrinement, de prosélytisme, de pouvoir de contrôle, mais elle prendra les voies du service, dans l'accompagnement du désir de l'autre en recherche de plénitude ou de salut, elle évitera tout mépris dominateur. Ici je citerai François Varone encore une fois : « SUFFISANCE, POSSESSION, MONOPOLISATION, avec leurs valets : MÉPRIS, VOLONTÉ DE POUVOIR, DOMINATION ET HYPOCRISIE-, voilà les poisons qui, inévitablement, agressent les Églises dès lors qu'elles rejettent l'antidote Israël. Elles ne servent plus le Mystère. Elles s'en servent. Elles font du salut une existence poussiéreuse, aliénante...Elles oublient qu'elles ne peuvent anticiper et signifier le salut que par grâce et appel de Celui qui en est l'unique auteur ». (Inouïes les voies de la Miséricorde , p.156.)

C'est Dieu qui sauve, l'Église est signe, elle annonce. Si elle tombe dans la tentation de la suffisance, elle subira inévitablement les rejets du monde sécularisé. Elle hâtera sa propre mise au rancart si elle se crispe dans de désespérantes tentatives de contrôle et de monopolisation du salut. Elle subira inévitablement des pertes de crédibilité dans son espoir d'atteindre le désir apeuré, sinistré voire même insolent des gens d'ici et de notre temps.

Malgré toutes les tentatives postconciliaires d'aggiornamento, l'Église, la nôtre, devra donc trouver son chemin d'avenir en prenant les voies du service du sens et de l'espérance, en s'assumant comme le Reste évangélique, en prenant des attitudes plus fraternelles dans ses rencontres des Églises sœurs porteuses également du Signe du salut, le Christ, en évitant toutes tentations multitudinistes. Accepter de vivre un dégraissage administratif et doctrinal, rejeter toute volonté de puissance, voilà les défis de l'Église. Elle deviendra signe de salut pour tous les hommes par la miséricorde de Dieu et non par sa propre puissance à elle!

Dans notre société inédite, sécularisée et anomique, la parole de l'Église apparait de plus en plus déphasée, archaïque. Comment maintenir de grand phylum évangélique dans une société résolument allergique dans sa grande majorité, à toute récupération « religieuse ». Pour éviter la disparition irréversible de ce phylum évangélique, l'Église doit se rappeler les souffrances de sa naissance issue du judaïsme formalisé. La foi chrétienne s'est développée comme une alternative emballante au judaïsme plongé en pleine dérive de suffisance. Elle est apparue comme une voie nouvelle de spiritualité, soupçonnée d'athéisme par les païens polythéistes. Il y aura toujours des personnes désireuses de vivre la foi de l'Évangile au sein de tout un système de symbolique religieuse. Et il faut le respecter, car cela fait partie de l'être humain dans sa quête spirituelle. Mais la plupart pourrait également vivre une démarche spirituelle plus séculière tout en étant fortement évangélique. L'Église demeure maitresse de spiritualité et elle est appelée à l'être autrement, selon des voies inédites, afin de rejoindre l'homme sécularisé et lui proposé au sein de sa propre culture, les appels du salut venant du même Père des miséricordes inouïes. L'Église doit donc préconiser un christianisme spirituel, pluriel en diversifiant ses approches pastorales et en proposant une parole jamais contraignante ni doctrinaire, mais porteuse de sagesse et de transcendance et éveillant ainsi la quête du sens et du signe du salut. L'Église fera surgir ainsi plusieurs modes de pratique de vie chrétienne, toutes complémentaires les unes aux autres tout comme cela s'est toujours vécu dans son histoire! Cette même Église se réjouira de toutes les avancées des droits de la personne comme autant de signes de salut en voie de réalisation. Elle se penchera sur les appels des béatitudes et de tout le sermon sur la Montagne pour s'inspirer dans sa réflexion éthique et prendra ainsi ses distances de la « supposée loi naturelle », elle qui est dépositaire d'une charte si libératrice, celle de l'Évangile. Au fait, vous connaissez l'adresse exacte où loge la loi naturelle ?

En quittant ses peurs ataviques, en quittant ses tentations de suffisance, l'Église évitera de devenir un corps desséché, organe témoin inerte dans l'organisation historique de l'humanité. Elle sera au sein de l'immense corps malmené de l'humanité toujours en quête d'une plénitude sans cesse espérée, signe de salut, épousant les joies et les peines de l'humanité et assumant sa propre précarité dans le service du sens, dans le service de l'espérance, en indiquant la voie qui transforme toute précarité humaine en éternité, en conduisant l'humanité vers le vase de la miséricorde du Père.

UN DIEU JUGE QUI M'ATTEND DANS LE DÉTOUR OU AVEC AMOUR?

Il y avait un jour un juge qui avait siégé sur le banc et qui avait envoyé en prison un jeune homme condamné pour vol avec violence, une sentence de dix ans. Le soir, en rentrant à la maison, il embrassa tendrement son épouse et après le souper, il sortit une heure environ visiter sa mère au centre d'accueil de la ville et rentra par la suite à la maison où sa fille ainée l'attendait pour lui montrer les premiers de sa propre fille et le grand-père, juge de profession fondit en larmes en voyant les premiers pas de sa petite-fille. Comment un tel juge si tendre avait-il pu envoyer pour dix ans le jeune voleur? La réponse? Au juge qui exerce la justice humaine, on lui demande de juger à partir de l'autre, de celui qui est devant lui et NON À PARTIR DE LUI-MÊME! Si le juge avait eu à juger à partir de lui-même, peut-être aurait-il donné un billet de métro au juge en lui disant : « Je te fais confiance, rentre chez toi et change ta vie! » Dieu le Père lui, IL REND JUSTICE À PARTIR DE LUI-MÊME! De ce qu'il est, un Dieu de miséricorde, qui prend plaisir à pardonner à partir de lui-même. (Une réflexion inspirée de Georges Madore : in Prions en Église, 28 octobre 2007,p.2).

Dans son livre intitulé PARABOLES DE JÉSUS (Médiaspaul, 2006) Le P. Roger Poudrier fait un commentaire fort remarquable de la parabole du père qui a deux fils perdus. Le cadet représente les exclus de la caste religieuse et l'ainé représente les tenants de la caste religieuse qui prétendent contrôler le salut! Nous sommes tous un jour ou l'autre dans l'un ou l'autre des deux groupes, parce que nous sommes tous des pécheurs. Le ¨juste¨n'est qu'un pécheur déjà pardonné!

Tout pécheur qui revient sera bien accueilli comme nous le rappelle la parabole en question. Se repentir c'est revenir. C'est découvrir un Père qui n'est pas un juge qui nous attend dans le détour, MAIS UN PÈRE QUI NOUS VOIT REVENIR DE LOIN CAR IL NOUS ATTEND AVEC AMOUR. C'est le Père qui sort deux fois pour aller chercher et trouver ses deux fils perdus. Car tout ce qui est perdu sera retrouvé! Tout ce qui est mort revivra, le salut est pour tous PAR PURE GRÂCE.

Le Père accueille les pécheurs mais il ne lèse en rien le droit des justes qui ne sont d'ailleurs que des pécheurs pardonnés. La parabole nous rappelle que le Père dépasse le juridisme pour aller à la miséricorde! Le Père qui sortit deux fois nous fait découvrir son projet inouï : SA BONTÉ INFINIE DE PÈRE CONDUIRA TOUS SES ENFANTS À LA CONVERSION ET À LA LOUANGE ÉTERNELLE!

LE DIEU TOUT AUTRE: JUSTE ET MISÉRICORDIEUX

Les différentes relectures des textes bibliques en viennent à soutenir des propos fort différents. Ainsi en est-il de la question de la justice de Dieu. Pour les uns, en effet, Dieu est amour, mais il est aussi vengeance, le péché doit être puni, l'offense infinie ne saurait être minimisée par un pardon facile et déjà acquis. Il faut d'abord payer, ensuite peut-on espérer le pardon. Pourquoi mener une bonne vie dans la fidélité, s'il n'y a pas de justice divine pour récompenser le fidèle et sanctionner l'égaré? Heureusement que Dieu n'a pas épargné son propre Fils en le livrant à cause de nos péchés. Sa colère provoquée par les horreurs des péchés des hommes, s'est abattue sur le Fils comme la misère sur le pauvre monde, dirait ma sainte mère! Le Fils a payé pour les péchés des autres, sa mort hautement méritoire a donc compensé suffisamment! C'est dans cette punition nécessaire que Dieu se manifeste en sa supériorité infinie. Il est normal que Dieu en sa justice infinie punisse et avertisse et qu'il bénisse les fidèles. « Affirmer la justice pour les autres, y compris pour le Christ, et espérer la miséricorde pour soi qui se découvre de plus en plus incapable de triompher du jugement de Dieu, cette répartition n'est visiblement pas une synthèse heureuse. » (F. Varone : Ce Dieu censé aimer la souffrance, p. 140) Que Dieu punisse les pécheurs mais qu'il me fasse miséricorde à moi, moi, moi! D'autres soutiennent que la miséricorde de Dieu est toujours acquise, car Dieu n'est que miséricorde, une réduction qui s'inscrit en réaction à la théorie de la satisfaction énoncée précédemment mais qui verse cependant dans la malcroyance! Comment sortir de cette ambivalence entre la justice punitive de Dieu qui le campe dans un rôle de justicier livrant des sentences et la seule miséricorde qui réduirait Dieu à un rôle de spectateur de l'humanité, à la fois indifférent et débile!

L'autre voie, celle de la révélation et donc de la foi, nous rappelle que le jugement de Dieu se fait en deux temps : il détruit le péché, il condamne les égarements de l'homme dans sa quête de sens et de désir, de plénitude mais il pardonne cependant au pécheur. Le jugement de Dieu est à la fois condamnation et pardon. C'est dans le Christ que Dieu à révélé pleinement sa justice. (Rm 1, 16-17) Mais encore là, ne versons pas dans la satisfaction en affirmant que nous sommes à l'abri de la terrible colère de Dieu étant donnée qu'elle s'est déjà assouvie sur Jésus que Dieu n'a pas épargné en le livrant à une mort cruelle. Que dit la foi révélée? C'est par méconnaissance que l'homme s'égare dans la recherche de la plénitude de son désir. Et c'est par méconnaissance ou malcroyance que l'homme pense que le jugement de Dieu est colère et punition entrainant la révolte de l'homme et parfois même, son athéisme. Il faut donc en arriver à ce que le jugement de Dieu ne soit plus perçu par méconnaissance comme Colère de Dieu, mais qu'il soit enfin reconnu et vécu pour ce qu'il est depuis toujours et maintenant : **UN JUGEMENT QUI SAUVE, LA JUSTICE DE DIEU.**

« L'événement révélateur, c'est Jésus. C'est en lui que la méconnaissance peut se dénouer enfin et permettre au désir de l'homme de s'ouvrir sur un nouvel espace, un espace qu'il va reconnaitre comme sa véritable demeure en même temps que son avenir : la gloire de Dieu ». (op.cit. p. 153) Dieu a envoyé son Fils dans une existence livrée….à la vanité et à l'esclavage de la corruption. Dieu a fait son Fils *péché*, donc son désir s'est trouvé comme le nôtre, livré à la vanité… à une exception près, l'existence livrée de Jésus, le Fils, ne connait pas le péché, l'égarement du désir, donc pas de révolte et de méconnaissance; cela veut dire : **le jugement de Dieu qui « livre » Jésus est perçu par lui non comme colère et condamnation mais comme voie de salut, comme puissance de vie favorable pour l'homme et à son désir authentique, comme Justice. « La preuve en est sa résurrection : c'est dans cet événement où la vie de Jésus s'épanouit dans la gloire de Dieu, que le jugement de Dieu apparait enfin dans toute la** plénitude de son action pour l'homme. La résurrection est donc l'événement qui révèle la Justice de Dieu : Si tu crois que Dieu l'a ressuscité des morts, tu seras sauvé. (Rm 19,9) » (Op.cit. p.154) Enfin l'homme découvre dans le chemin de résurrection emprunté par le Christ, un chemin possible pour lui-même, il découvre que Dieu n'est donc pas celui qui livre l'homme à la mort et à la ruine de son désir de plénitude, que Dieu n'est pas le dieu mesquin et jaloux que sa révolte et sa méconnaissance lui faisaient entrevoir, mais plutôt le Dieu qui ressuscite et ouvre à la plénitude et à la pleine identification au Premier Né du monde nouveau.

C'est le Christ qui nous révèle la Justice de Dieu comme processus de transformation pour l'homme. La Justice de Dieu dans son action transformatrice, s'appelle la justification. Dieu justifie, il rend le croyant ajusté à lui en condamnant en lui le péché qui conduit à l'égarement et à la quête des fausses gloires et en ouvrant le croyant à un avenir de plénitude. Le jugement de Dieu s'achève en l'homme glorifié dans l'événement de la résurrection à la suite du Christ. En devenant péché sans l'avoir commis, mais pour nous rejoindre dans notre existence, Jésus est devenu objet, avec nous, comme nous, du jugement de Dieu qu'en ressuscitant il a manifesté comme Justice. (Cf. op.cit. p. 155) Voici donc le plan de Dieu pour l'homme : tu ne t'égareras pas dans ton désir mais tu te laisseras engendrer, ressusciter et accomplir dans la gloire. Grâce à la révélation apportée par le Christ dans l'événement de sa résurrection, l'homme est passé de la méconnaissance à la foi au Dieu qui ressuscite.

Dans la foi, nous percevons la différence absolue de Dieu en son Mystère de libération de l'homme en lui faisant participer à la gloire du

Ressuscité. Ce n'est pas par la pratique de la loi et par la multiplication des œuvres que nous sommes sauvés mais par l'œuvre de Dieu, la résurrection du Christ. Mais vivre déjà en ressuscité, c'est s'engager dans des œuvres de salut! Chez ce Dieu tout autre, la justice aussi est toute autre : il n'y a en Dieu que puissance de vie et de salut pour conduire l'homme le long du chemin compliqué sur lequel son désir s'éveille puis découvre sa portée infinie, négativement d'abord dans la vanité du monde, puis positivement dans la découverte de la gloire de Dieu. La justice de Dieu, se fait donc miséricorde pour l'homme, force de transformation et de glorification pour l'homme. La justice de Dieu n'est que miséricorde car elle fait valoir l'homme; sa vie dans le compagnonnage du Christ lui permettra de se laisser engendrer par le Père. Son désir de plénitude et sa pratique de vie dans le compagnonnage du Christ, conduiront l'homme vers le salut, le partage de la gloire du Ressuscité. La Justice du Dieu tout autre : une **PUISSANCE POUR LA VIE !**

LE SACRIFICE DE JÉSUS : L'ŒUVRE DE SA VIE.

« Le Fils de l'Homme est venu non pas pour être servi mais pour servir et donner sa vie en rançon pour beaucoup. » (Mt 20,28) Voilà la parole qui résume le mieux le sacrifice de Jésus, l'œuvre de sa vie. La rançon signifie non pas le prix mais l'instrument de libération. La relecture sacrificielle de la théologie de la satisfaction, si en vogue au Moyen Âge, a interprété ce verset dans une visée compensatrice de la mort de Jésus. Dans tout le Nouveau Testament, la satisfaction n'existe pas comme exigence de salut. La satisfaction lie le salut à la mort de Jésus, la mort d'un Fils de Dieu : une mort innocente par surcroît ne peut être qu'infiniment méritoire. Cependant, c'est la Résurrection du Christ qui apporte le salut. Mieux encore, c'est la vie et sa pratique, la mort assumée et la Résurrection qui sont chemin de salut! « C'est seulement dans la stricte unité de ces trois étapes que le parcours de Jésus dans sa totalité révèle son sens et sa valeur de salut universel. » (F.Varone, in Ce Dieu censé aimer la souffrance, p. 110) Les Évangiles démystifieraient ce mécanisme victimaire de la théorie de la satisfaction et de fait aucun écrit néotestamentaire n'alimenterait les thèses de la satisfaction qui ont altéré le christianisme. « Au désir de l'homme encore égaré dans la méconnaissance, dans la révolte et dans toutes les pratiques aberrantes qui en découlent, Dieu se révèle comme Puissance de vie pour l'homme. Et cette révélation s'accomplit dans la vie de Jésus, à travers toutes les étapes de sa trajectoire : sa pratique d'abord, la mort qui s'ensuit et la résurrection où Dieu donne raison à Jésus, et accomplit son désir de plénitude. » (op. cit. p. 112). La pratique de Jésus devient donc une pratique d'homme sauvé et tous ceux qui endossent sa pratique endossent une pratique de salut!

Les écrits néotestamentaires sont tous forcément des relectures postpascales de la pratique salvifique de Jésus. L'Épitre aux Hébreux n'échappe donc pas à cette règle. On peut faire une lecture matérialiste de cette épitre et également, une lecture symbolique. La lecture matérialiste est chère à la théologie de la satisfaction. L'interprétation symbolique utilise dans cette épitre le langage sacrificiel pour rejoindre la vie même de Jésus des origines jusqu'à la résurrection pour en faire ressortir la portée salvifique. On passe donc du rituel à l'existentiel, de l'image à la réalité. Le cadre symbolique de l'épitre aux Hébreux est celui de la fête juive du YOM KIPPOUR, fête du renouvellement de l'alliance entre Dieu et son peuple. C'est la plus grande fête du calendrier juif. Ce cadre sacrificiel servira donc de fond de scène pour parler du sacrifice de Jésus en regard de la Nouvelle Alliance. La fête du renouvellement de l'alliance se déroulait en quatre actes : 1) l'obtention du sang, 2) la traversée du voile du temple, 3) l'aspersion du propitiatoire, 4) l'aspersion du peuple avec le sang. L'Épitre aux Hébreux emprunte donc ce cadre pour situer l'originalité du sacrifice de Jésus. L'utilisation de ce cadre demeure une entreprise remarquable mais risquée en ce sens qu'il y avait de possibles dérives sacrificielles. Dans l'Ancien Testament, les sacrifices ne comportaient pas toujours les nécessaires mises à mort, on pouvait offrir de l'huile, du vin, des fruits. La mise à mort pour l'obtention du sang ne faisait pas partie du sacrifice, ce n'était qu'une technique nécessaire qui ne constituait pas le cœur du sacrifice. L'épitre aux Hébreux affirme que nous avons été sanctifiés par l'offrande du corps de Jésus (10,10). Le corps, le sang : des réalités pour parler de Jésus avec toute sa vie! L'objet réel du sacrifice de Jésus n'est ni le sang répandu, ni le corps mis à mort, mais la « prière » de Jésus : cris et supplications. À la suite de Jésus, les disciples offriront le même sacrifice de louange, le fruit des lèvres qui confessent son nom. (13,15) Et l'auteur rappelle immédiatement que l'entraide et la bienfaisance sont des sacrifices qui plaisent à Dieu. (13,16)

Le grand-prêtre apportait donc dans un grand vase le sang qui devait signifier la démarche vitale de tout le peuple dans le renouvellement de l'alliance. Il traversait le voile du Temple avec ce vase. Jésus a traversé le voile de la mort avec toute sa vie, sa pratique prophétique, sa foi en un Dieu capable de le ressusciter. En présence de Dieu, dans le Saint des Saints, le grand-prêtre versait un peu de sang sur le propitiatoire et par la suite, il revenait vers le peuple pour l'asperger de ce sang. Toute la démarche rituelle constituait le sacrifice. Un sacrifice est donc un acte symbolique par lequel le peuple peut accéder à Dieu pour trouver dans la communion avec lui, sa propre plénitude. C'était exactement cela le sens de la fête du Yom Kippour. ACCÈS, COMMUNION ET PLÉNITUDE : voilà l'objectif de la démarche sacrificielle.

« Après avoir parlé à nos pères dans les prophètes, Dieu nous a parlé par le Fils »... (Héb.1,1-2) Il nous a parlé par le sacrifice de Jésus, par l'œuvre de toute sa vie. La vie de Jésus, sa pratique prophétique, son immersion dans la condition humaine (cris et supplications, peurs et angoisses...), autant d'aspects nous montrant Jésus comme acteur sacrificiel. Son passage à travers le voile de l'obéissance à la volonté de Dieu rappellera celui du grand-prêtre dans le Temple. La volonté de Dieu c'est de faire en sorte que la condition de vie humaine soit un chemin vers la vie en plénitude. La mort de Jésus se veut une traversée du voile de la chair, de la fragilité humaine et l'arrivée de Jésus devant la face de Dieu. Dans ce second acte du sacrifice de Jésus, la mort, rien n'est joué! Rien n'est encore sauvé! Rien n'est encore résolu. Le troisième acte, l'accès à la perfection, la résurrection ou le relèvement de Jésus, constitue l'achèvement en plénitude de Jésus. Le sacrifice de Jésus est maintenant achevé : « Jésus, avec toute sa vie, à travers sa mort comme aboutissement logique de sa pratique, a accédé à Dieu, est entré dans la communion avec Lui et y a trouvé sa propre perfection : accès, communion, perfection : les trois termes qui définissent le sacrifice, en une démarche non plus rituelle, mais existentielle, ont été appliqués à Jésus pour dire la portée salvifique de cet être, pour préciser aussi qu'en lui se réalisent enfin toutes les promesses antérieures. En Jésus,

Dieu parle enfin définitivement. » (op.cit. p. 125.)

Avec le troisième acte, celui du « sang » sur le propitiatoire, i-e, la vie rendue parfaite auprès de Dieu, le sacrifice est achevé. Il faut donc l'annoncer au peuple : donc rendre au peuple sa vie mais maintenant enrichie de la vie même de Dieu. Annoncer le Christ ressuscité, c'est annoncer la vie enrichie du peuple de Dieu par la Résurrection du Fils qui a reçu le nom au-dessus de tout nom! Annoncer la résurrection pour que tous deviennent les compagnons du Christ dans le partage de la même gloire. L'épitre aux Hébreux parle un langage sacrificiel qui n'est nullement satisfactionnel mais bien révélationnel. Car le sang de Jésus, c'est-à-dire, sa vie et sa pratique, parle, il porte une révélation ; les disciples se mettent à son écoute, faisant maintenant de leur vie réelle, un chemin d'accès à Dieu et à sa puissance de vie pour nous (la résurrection), faisant de leur propre vie un sacrifice, à la suite du Christ reconnu comme le précurseur sur ce chemin révélé de salut.

« Ainsi donc, entrer dans le sacrifice de Jésus ne signifie donc pas pour le croyant comme pour Jésus lui-même, récolter et subir des souffrances à cause de leur valeur compensatoire devant Dieu qui les aime pour cela. Mais entrer dans une pratique positive, dans la voie existentielle ouverte par Jésus, la voie qui porte notre existence vers Dieu et les autres, même si, chemin faisant, il faudra rencontrer et traverser la résistance, la souffrance et finalement la mort.» (op.cit. p. 138) Le sacrifice c'est l'acte par lequel on fait du sacré. Seule est sacrée l'existence, celle de Dieu et celle de toute personne habitée du désir de cette perfection que Dieu lui partage dans le Christ. Le sacrifice de Jésus, l'œuvre de sa vie! Toute sa vie est une révélation du chemin du salut, du chemin menant à la Plénitude, à la Résurrection, à la condition de Fils de Dieu.

UNE VIE ACHEVÉE EN RÉSURRECTION!

Un jour, une enfant de douze ans mourut d'un anévrisme au cerveau. Aux funérailles, le prêtre, tout en compassion et en tendresse, parle dans son homélie de la volonté de Dieu, de la sagesse impénétrable de la divine Providence ¨qui a voulu nous faire passer par une telle épreuve¨. Et le prêtre rappelle que Dieu est malgré tout un Dieu bon! Que de fois une telle scène s'est répétée au cours de l'histoire! Dieu est bon mais il permet le mal! Est-ce un Dieu qui aimerait faire sentir sa toute puissance arbitraire, histoire de nous contrôler par la peur? Le drame, c'est que nous trainons dans notre coffre deux discours : celui de la religion (païenne?) et celui de la foi. Nous oscillons sans cesse entre ces deux registres sans nous en rendre compte! Comment sortir de l'impasse? La clef de tout, dit saint Paul (1 Cor 15,14-17), c'est la Résurrection! Résurrection : plénitude de l'homme vivant par la puissance de Dieu, rencontre du Dieu vivant, vie achevée dans la rencontre de Dieu. Dieu est bon, affirme le discours de la foi parce que sa bonté se réalise dans la Résurrection!

Le discours de la religion parle du gouvernement de Dieu sur le monde. C'est le discours que nous retrouvons tout au cours de l'Ancien Testament. Dieu mène tout! Cependant, dans le Nouveau Testament, on parle de Royaume : Dieu mène tout en son Christ, et par le Christ, il mène le monde vers son accomplissement, il le mène à la Gloire avec le Christ à la tête d'une humanité nouvelle. C'est l'Esprit qui nous conduit de la conception religieuse du monde à la vision de foi sur le monde! L'action de Dieu, sa gouvernance, c'est de faire exister et par la suite, de laisser exister dans la liberté. C'est en cela que consiste sa volonté : sa volonté, c'est notre sanctification et la concrétisation de cette volonté est entre nos mains. Dieu, en règle générale, laisse faire et livre le monde et l'histoire à leurs propres forces internes; dans ce cas, il devient impossible de soutenir qu'il permet certains drames! Sur notre monde, sa « providence » en est une d'inspiration. Il fait exister pour laisser exister. Il ne s'agit donc pas d'une providence d'organisation où Dieu serait le seul Acteur réel de l'histoire. Si cela était vrai, il faudrait donc se faire valoir pour que le gouvernant de ce monde nous soit favorable comme le soutient le discours religieux!

Dans la foi, Dieu est le tout autrement puissant, celui qui peut libérer la liberté de l'homme. On ne parle donc plus de gouvernement mais d'attirance d'un Royaume de liberté, de confiance, de collaboration, de reconnaissance et d'amour. Avec les risques inhérents à la liberté humaine : méconnaissance, violence des dominants et écrasement des fragiles et divers mépris de la liberté. Tout ce qui s'appelle péché ou égarements vers des fausses gloires! Voilà ce que dit la foi sur le cours de ce monde. Le désir souvent hésitant et égaré de l'homme peut épouser le Désir de Dieu : nous rassembler en sa maison! Dans cette conception du monde que promeut le discours de la foi, Dieu devient avec l'histoire humaine. Le temps, l'histoire, l'humanité et chaque personne pourraient apporter à Dieu la plénitude qu'il désire. Nous sommes devenus nécessaires à sa plénitude : c'est ce que croit la foi. Le Verbe se fait chair, histoire et l'Éternel fait alliance avec le temporel! Dieu dépend de l'histoire, tel est son désir, il s'y est immergé. Il y exerce un regard de bienveillance mais pas avec un œil inquisiteur! Et dans ce cas, Dieu n'a pas sur le monde, une connaissance dirigiste ou déterministe comme le prétend le discours religieux. Laissons ici la parole à François Varone : « Ce qui n'est pas encore, n'est pas du tout, n'est rien du tout. Et rien n'est pas, pour personne, un objet de connaissance, même pour Dieu. Rien c'est rien ! » (In Ce Dieu absent qui fait problème, p. 114)

Sur le cours de l'histoire qui conduit l'homme, selon le désir de Dieu, vers la Parousie, Dieu a un regard de bienveillante attirance. C'est sur ces chemins périlleux de l'histoire humaine, histoire d'une liberté souvent égarée, à travers le temps, temps et histoire partagés par Dieu également, c'est donc à travers ce déroulement historique que Dieu devient TOUT EN TOUS. C'est son projet, c'est son désir. En Dieu, il n'y a qu'une seule volonté et elle est salvifique à l'égard de tous! Tandis que le discours religieux maintient en Dieu une volonté de partage entre élus et maudits, prédestinés et réprouvés, ciel et enfer... le discours de la foi soutient que tous sont prédestinés au salut, tous existent sous le signe de l'Amour, tous sont prédestinés à des étapes et par des cheminements différents. Personne n'est réprouvé! Dieu sait-il qui serait sauvé ou non? Connaissance divine de ce qui ne serait pas encore, soutenir cela c'est annuler le temps, celui de la liberté, c'est annuler l'apport réel que Dieu, dans son alliance, attend de l'homme dans le temps. Le Dieu de la foi se fait patience en sachant que le Christ est en train de grandir vers sa stature d'Homme achevé. Dieu devient progressivement tout en tous, l'humanité est en train d'avancer même péniblement vers son rassemblement dans le Christ. Le seul acquis de la foi c'est d'affirmer l'alliance actuelle entre un Dieu sauveur universel et une histoire en état d'alliance en train de s'accomplir progressivement. Dans cet état d'alliance, Dieu fait valoir l'homme et l'homme fait valoir l'homme dans toute quête de plénitude. Notre monde est donc en chantier, le Royaume annoncé prend donc place en côtoyant les aléas de la vie. Le Royaume est en chantier dans le chantier du monde organique en plein devenir!

Le mal physique nous pose question. Dieu serait-il responsable de ce mal, devrait-il en répondre comme s'il en était l'auteur? Le discours religieux soutient que ce mal devient un outil de réprobation des péchés. Qui a péché pour qu'il soit né aveugle? Lui ou ses parents? Peut-être est-il né aveugle à cause de ses futurs péchés? Pourquoi est-il né ainsi? Ou pour quoi est-il né ainsi? Pour quoi? La source du sens, c'est l'avenir et l'avenir, c'est la Résurrection. Le mal physique ou le mal moral est inhérent à un monde en évolution et en devenir. Il n'est en aucun cas, le résultat d'une déchéance à la suite d'une faute originelle comme le soutient le discours religieux. Un tel discours religieux est même, poussé à sa limite, une injure à Dieu qui aurait manqué son coup ou encore, aurait permis la faute pour mieux rétrograder une créature devenu objet de sa jalousie! Notre monde est en évolution, et avec l'homme, il devient histoire. Désormais, l'homme conscient et libre, porte son propre développement. La poussée d'être du monde entier peut devenir dans l'homme, DÉSIR DE PLÉNITUDE, reconnaissance de la Plénitude divine et dans la foi, alliance dans cette quête, reconnaissance de Dieu comme Puissance de vie pour l'homme. Le "pour quoi" du mal physique trouve sa réponse ici : le mal physique devient provocation du désir l'homme en quête de plénitude. Provocation et donc appel à devenir!

Dans ce monde en évolution, Dieu livre l'homme à l'événement. Avec les risques inhérents que comporte un monde organique et précaire. C'est là son plan. Ce n'est donc qu'indirectement que Dieu a à répondre du mal physique! Dieu livre l'homme à ce monde organique et précaire, pas pour le faire expier ou payer. Le mal physique est naturel. Il existe alors pour quoi? Il existe naturellement mais il permet à l'homme d'accéder à son devenir de fils de Dieu en devenant occasion de croissance, de liberté, de choix. C'est là la pédagogie que Dieu a voulue pour que l'homme laissé à lui-même, choisisse Dieu et son Règne de plénitude. On pourrait parler ici d'une PÉDAGOGIE DU DEVENIR INFINI! Quelle joie pour l'homme et pour Dieu quand les risques de la liberté permettent la rencontre dans la plénitude de la Résurrection! La souffrance existe non pas pour punir le péché, mais tout en étant naturellement normale, elle devient le lieu où l'œuvre de Dieu se manifeste en faveur de l'homme.

« L'homme est un être de fragilité non parce qu'il est la ruine d'un chef d'œuvre passé (voire puni et déchu!) mais pour être le chantier d'un être à venir. Il faut que l'homme se reconnaissance et se choisisse lui-même comme l'être en qui Dieu attend de faire éclater sa puissance de vie et d'amour. Il sera fils de Dieu, le désir de Dieu est de l'ENGENDRER et le désir de l'homme en est le reflet : l'homme doit donc devenir fils de Dieu…pour que l'accomplissement de l'histoire soit, certes, l'œuvre de Dieu, mais aussi l'œuvre de l'homme. » (Op. cit. p.126.) L'œuvre de Dieu, c'est la gloire de l'Homme, sa plénitude, sa parfaite identification au Fils de Dieu, sa complète spiritualisation, sa RÉSURRECTION : UNE VIE VRAIMENT ACHEVÉE!

PÉCHÉ ORIGINEL OU MANQUE ORIGINEL DE MOYEN DE SALUT?

C'est Charles Darwin qui a ébranlé les colonnes du temple en proposant sa thèse de l'évolution des espèces. Jusqu'à lui, on pensait que le monde avait été créé pleinement parfait et déjà fixé dans les bases qu'on lui connait maintenant. À cette conception fixiste du monde s'ajoutait également la thèse du monogénisme pour expliquer l'apparition de l'homme et pour affirmer que la faute du premier couple devait toucher tous ses descendants.. À l'origine, le monde était parfait, sans violence, ni douleur ni mort, la vie se déroulant dans un jardin de délices. Au centre de ce jardin, se trouve l'homme créé dans un état de perfection idyllique et en parfaite harmonie avec Dieu. Et vint le drame! Ou bien Dieu a tenté l'homme pour voir s'il méritait ce jardin ou encore Adam, l'homme dans son prototype, devait mériter d'accéder à ce jardin paradisiaque et n'y serait pas parvenu. Adam s'est trouvé à décider pour tous ses descendants des graves conséquences de son choix. Son péché a fait de lui la tête de l'humanité devenue déchue par l'erreur de l'Adam tout comme le Christ, le nouvel Adam, sera appelé à ramener cette humanité à sa perfection première!

Adam a péché et a causé la perte de l'état paradisiaque original. Selon le récit de la Genèse, ce premier péché en fut un de désobéissance. Mais si Adam était créé dans un état de perfection originelle, comment aurait-il pu pécher? Alors, on en est venu à prétendre que ce premier péché fatal en fut un d'orgueil! Adam endossait à son tour les mêmes prétentions lucifériennes ou encore prométhéennes! Cette rupture d'alliance entraine la perte des dons originels et alors la souffrance, la concupiscence et la mort font leur entrée dans le monde. Cette perte touchera Adam et tous les adams du monde par génération, et par nature, le péché alors touchera toute l'humanité, y compris les enfants non encore capables de consentir au péché atavique. Et par le péché de l'Adam, tout homme est pécheur devant Dieu et est livré du même coup à la puissance de Satan, de la souffrance et de la mort et devenu grand, à l'esclavage de ses péchés personnels.

Surgira donc un second Adam, en la personne du Christ, envoyé par Dieu, fait innocent dans un monde livré au péché et à la mort, réparer l'offense infinie faite à Dieu afin de sortir les adams de cet état qui les maintenait sous la colère et l'indignation de Dieu. Ce Christ Rédempteur jouera donc un rôle de plombier venu réparer les pots cassés. S'il n'y avait pas eu de péché originel, il n'y aurait donc pas eu d'incarnation du Fils? Et si Dieu dans sa préscience connaissait l'échéance du combat d'Adam, alors pour quoi l'avoir permis? Est-ce par jalousie ou mesquinerie? Et si c'était par orgueil que Dieu a permis cette tentation, Dieu serait-il alors envieux de l'Adam créé dans un état de perfection semblable à la sienne pour permettre une telle tentation? Et si Adam était apparu dans un état paradisiaque de perfection, doté de tous les dons préternaturels, comment en est-il venu à pécher soit par désobéissance ou encore par orgueil? Impossible de soutenir une telle affirmation! Certains ont affirmé que Dieu voulait un oui libre de la part d'Adam quitte à prendre le risque du refus en le soumettant à l'épreuve. D'autres ont opposé la grâce de Dieu et la liberté humaine, comme si ces deux valeurs étaient en concurrence. La grâce de Dieu n'aurait pas suffi à l'Adam de se servir à bon escient de sa liberté? Dans ce scénario, Dieu apparait comme un ennemi de l'homme et surtout tellement mesquin, qu'il est incapable de pardon!

Et alors le Christ plombier et réparateur de l'installation du monde créé dans un état de perfection qui aurait dû fonctionner sans faille, vient jouer un rôle de suppléance! Si tout avait marché sur des roulettes, le Christ ne serait ni la

Tête ni le Seigneur, ce serait Adam, le premier!

Cette conception théologique des origines du monde ne tient pas la route pour plusieurs raisons! Cette conception fixiste du monde est battue en brèche par la thèse de l'évolutionnisme. Cette conception théologique sied bien cependant à la théologie dite de la satisfaction, à la vision ¨religieuse ¨ du monde! Dans cette vision religieuse du monde, l'homme doit se faire valoir devant Dieu et mériter ainsi en retour la faveur du Puissant. Ou encore, ce monde merveilleux et créé originellement dans un état de jardin idyllique est le dernier acte de gratuité de Dieu, l'homme devra maintenant le mériter et mériter que Dieu le maintienne dans cet état d'homme parfait, sinon il sera chassé par punition entrainant avec lui toute l'humanité dans un malheur bien mérité!

ALORS COMMENT SORTIR DE L'IMPASSE OÙ NOUS A MENÉS CETTE THÉOLOGIE DU PÉCHÉ ORIGINEL? Et la réponse pourrait être celle-ci : *et si l'homme, au sein d'un monde en évolution, se trouvait depuis toujours dans un état nécessiteux de salut par* manque de moyen! L'homme se découvre habité par un désir d'un devenir infini et *ressent un manque de moyen pour y parvenir!* Et ici je citerai François Varone : « **La théologie du salut par RÉVÉLATION ET NON PAR SATISFACTION que nous avons développée, nous fournit donc la clé pour rouvrir le dossier des origines : l'envers d'un salut donné par révélation est simplement une condition native qui ne comporte pas encore cette révélation révélatrice, un désir humain infini qui s'ouvre sur un horizon encore bouché. Une telle situation native n'est pas un PÉCHÉ : on ne saurait donc en être puni. Elle constitue pourtant une nécessité absolue et radicale de salut : si la révélation de Dieu ne vient pas, un jour, libérer cet horizon, le désir de l'homme ne peut que s'affoler puis étouffer dans l'impasse.** » (In Ce Dieu censé aimer la souffrance, p.183).

La mort est venue par un homme, c'est le premier homme Adam qui l'a inaugurée DU SIMPLE FAIT QU'IL EST CRÉÉ CORPS ANIMAL DONC MORTEL! Nulle part il est dit que cet Adam n'aurait pas dû mourir, qu'il avait été créé immortel et que c'est son péché qui l'a précipité dans la mort lui et tous ses descendants. Lisons le texte I Co 15, 42-43 : on dit qu'Adam a été créé corruptible, sans gloire, corps animal et mortel, tandis que le second Adam, le Christ, inaugure une nouvelle humanité, corps spirituel donc immortel, vivant de la vie de Dieu. En établissant cette succession normale : ce qui est premier, c'est l'être animal, ce n'est pas l'être spirituel, il vient ensuite, Paul, de plus, s'appuie sur Gn 2,7 pour rappeler ceci : Adam a été fait âme vivante, le second Adam, le Christ, esprit vivifiant. Le premier Adam est terrestre, soumis au dépérissement et à la mort, le second lui vient de Dieu (1 Co 15,47) Adam inaugure donc une humble humanité mortelle, mais cette humble humanité naturellement mortelle est promise à la gloire et cette promesse se révèle dans le Christ ressuscité. Le superbe Adam des origines est rejeté par Paul parce que cette gloire revient au second Adam. Le Christ n'est pas non plus le restaurateur d'un état paradisiaque du monde original, mais l'inaugurateur de la plénitude à venir conduisant l'humanité vers ce Dieu ni jaloux, ni mesquin, mais plutôt celui qui trouve sa gloire dans l'homme comblé de sa plénitude. **Le Christ ouvre la voie du salut en nous précédant et en nous y attirant. Il est le révélateur de ce moyen de salut qui consiste à nous libérer du péché qui est la révolte du désir contre la loi qui le nie, et en nous apprenant à vivre en fils de Dieu, comme lui, et à nous laisser engendrer à la plénitude de la vie, à la pleine identification au Fils, le second Adam.**

Le Christ est donc sauveur, il est moyen de salut, car il habilite l'homme finalisé par une valeur inatteignable : la gloire de Dieu (la plénitude de la vie éternelle et incorruptible) que l'on ne peut absolument pas conquérir, mais seulement recevoir, à se laisser engendrer à cette plénitude. Se laisser engendrer, c'est bien se laisser sauver! **Le Christ est le nouvel Adam, car il a inauguré une vie nouvelle vers Dieu et sa gloire accueillante . Par sa parole prophétique et sa pratique de vie révélant le Royaume et par sa passion pour nous révéler un Dieu tout autre, le Christ s'est révélé comme chemin et moyen de salut. Péché originel? Il vaudrait mieux parler d'état originel nécessiteux de moyen de salut!**

Dieu absent ou réduit au silence?

Aujourd'hui, on a l'impression que Dieu se fait absent ou encore qu'il est réduit au silence par notre société laïque. Avant, le monde trouvait son sens, ses explications en sa présence. Aujourd'hui, on se sent libéré de lui ou orphelin. Cependant nous sommes toujours aux prises avec les mêmes questions devant les drames humains de la violence, des injustices, de la souffrance des innocents et de la mort. Longtemps on a valorisé la souffrance, on l'a même exaltée en en faisant un moteur de Salut par sa valeur de mérite et de compensation prétendue. On pratiquait un certain dolorisme qui a eu pour effet d'engendrer un athéisme réactionnaire. En valorisant le rôle compensatoire allégué à la souffrance, on en est venu à oublier la beauté et la bonté de la vie. En opposition à ce dolorisme chrétien, l'athéisme s'est servi de la problématique du mal et de la souffrance pour rejeter Dieu en le rendant coupable de tout ce gâchis. Je pense ici à la révolte d'Albert Camus devant la souffrance des enfants innocents. Il est vrai qu'une certaine théologie de la satisfaction ait pu engendrer un tel athéisme, réaction tout à fait normale.

Pourrait-il exister une troisième voie entre le dolorisme chrétien et l'athéisme? Poser la question c'est un peu lui répondre! Je l'appellerais la VOIE DE L'ACCEPTATION. Notre réalité humaine est NATURELLEMENT précaire et fragile, naturellement mortelle, naturellement exposée aux conditions normales de la vie : naitre, vivre, vieillir et mourir. Devant cette réalité, il n'y a aucune exaltation doloriste possible devant la souffrance, ni révolte athée justifiable, il y a place pour l'ACCEPTATION de la réalité humaine. Devant cette réalité de la précarité humaine, le défi consiste à se servir des contraintes de l'existence comme des tremplins vers une plus grande humanisation et une plus grande divinisation de l'être humain.

Quand on a accepté que dans la vie TOUT EST DON ET QUE RIEN N'EST DÛ, on découvre alors que Dieu crée dans la fragilité du non Dieu, car il crée dans l'amour et quand il crée dans l'amour, il crée forcément du non Dieu sinon Dieu serait Narcisse et non Amour. Alors si Dieu existe, il se fait discret et absent pour nous laisser en pleine souveraineté sur notre monde créé. Cependant, tout en étant discret, il n'est pas forcément distrait de ce monde, ni réduit au silence devant les drames de ce monde. Il se fait présent à ce monde par la présence de son Esprit et cette présence se fait ENGLOBANCE et PREVENANCE ou encore PROVIDENCE mais non GÉRANCE. Le mal est à la fois naturel et inhérent à la structure et à la nature de ce monde. Le mal qui fait mal est le mal moral, le mal dû à l'intention malveillante ou violente. Le mal naturel ou inhérent à la vie en ce monde et la souffrance qu'il génère n'ont aucune valeur ni exigence compensatrice de Dieu pour que nous méritions ses faveurs. Malheureusement, dans le passé, il nous est arrivé d'accuser l'homme devant le drame du mal afin de sauver Dieu de cette même accusation. Le mal des innocents devait à la limite être porteur de salut pour les autres coupables. L'essence même du christianisme est d'arrêter la souffrance, c'est de la combattre par la science ou par tout autre moyen, c'est d'arrêter la glorification de la mort vue comme hautement porteuse de valeur compensatrice. C'est par cette glorification qu'on en arrive aujourd'hui à légitimer les engagements des kamikazes. Si le martyr a une valeur, il faut la trouver du côté de sa portée hautement révélatrice de foi et d'engagement prophétique de sa foi. Enfin, il est temps que nous cessions de penser qu'il faut de la violence pour que les choses fonctionnent et qu'il y ait Salut!

Il y a rédemption ou rachat du monde quand nous transformons les violences, les souffrances, la mort en occasion de libération, de lutte pour plus de vie et de pardon. Il s'agit en ce cas d'endosser la pratique de Jésus en vue de partager sa gloire, celle de Pâques. Toute notre vie est lutte et dépassement vers le Salut. Dieu se tait, se fait silence ou discrétion mais il s'est fait Parole dans l'Histoire. Sa Parole nous apprend qu'il veut que l'homme évolue et se transforme en transformant les moments de mal et de mort en occasion de relèvement, de dépassement et de vie. Il nous inspire la patience, l'amour, la liberté et parfois l'indignation du prophète ou de l'intervenant social. Les fruits de son Esprit nous provoquent à produire des fruits de salut pour notre monde. En Jésus, Dieu s'est fait humain, visible et proche de ce monde, il s'est fait partenaire et époux de ce monde. Je me rappelle ici ce beau passage du livre de Sophonie : Ne crains pas, ô mon peuple, le Seigneur ton Dieu est en toi, c'est lui le héros qui t'apporte le salut. Il aura en toi sa joie et son allégresse, il te renouvellera par son amour, il dansera de joie comme aux jours de noces.(Soph.3,16-18)

Dieu se fait amour et allégresse devant la beauté de sa création et de l'humanité à qui il déclare son amour conjugal. Mais il se fait aussi colère à ses heures! Ici je pense à la parabole du jugement dernier que nous retrouvons en Mt.25,31-46. Cette parabole nous rappelle qu'on ne peut passer impunément à côté de la souffrance humaine. La colère de Dieu nous rappelle qu'il n'y a aucune connivence entre le mal et lui. Pour lui le mal n'est objet de salut ni outil de compensation rédemptrice. Cette parabole du jugement dernier nous rappelle qu'il y a incompatibilité de Dieu devant le mal, la colère de Dieu exprime son intolérance devant tout ce qui défigure l'humain. En respectant l'autonomie de ce monde précaire et en respectant la souveraineté de l'homme sur ce monde, Dieu inspire la conduite de ce monde par sa Parole révélée en Jésus-Christ, une Parole qui engage une pratique de transformation de ce monde par la force rayonnante de l'amour. Quand Dieu lutte contre le mal, il le fait par les outils de l'amour : il détruit le mal et les forces de mort mais il sauve l'homme, il détruit le mal mais il pardonne aux pécheurs. Dieu crée une distance entre le péché qui détruit et qui engendre la souffrance et la mort et le pécheur qui est pris à ce piège du mal. Dieu se tait, se fait absent de ce monde? Non Dieu est présent à ce monde dans la discrétion de l'amour rédempteur, un amour révélateur de pardon, bienveillance et de miséricorde, un amour porteur de SALUT! La pratique de Jésus, sa parole et son engagement jusqu'à la croix nous révèle que toute personne qui marche à sa suite partagera la gloire de sa résurrection et entrera dans le salut annoncé et réalisé.

Le Notre Père : une prière tournée vers l'avenir

Une prière tellement utilisée et si peu priée! Et pourtant cette prière de Jésus est au centre de la vie chrétienne et elle résume à merveille la foi évangélique. Dans cette prière, on ne parle d'aucun besoin de l'homme car le croyant sait dans la foi que Dieu pourvoit à ses besoins par la création mais qu'il laisse, pour le reste, les événements à eux-mêmes et que Dieu confie le monde à la libre action humaine. Dans le *Notre Père,* les demandes que porte le désir de l'homme rejoignent pleinement la réalisation du désir de Dieu : son RÈGNE! Le croyant se laisse rejoindre au cœur de sa liberté par la mystérieuse présence du Père qui l'attire vers une existence nouvelle : le Royaume. Le croyant porte dans sa prière le désir que son existence s'inscrive dans le royaume, il prie que son existence fasse advenir le règne. Je cite François Varone : « Le Royaume, c'est quand Dieu règne dans l'existence de l'homme et par elle dans l'histoire des hommes. Et quand un homme accueille la vie qui vient de Dieu, puis la prolonge vers les autres en agissant avec justice, en aimant avec tendresse et... qu'il offre toute cette vie en retour à Dieu dans la jubilation de la reconnaissance, dans l'adoration en esprit et en vérité, alors vraiment Dieu règne et par cet homme, son règne va prendre forme dans l'Histoire, annonçant et préparant le monde nouveau où la justice de Dieu pleinement règnera. » (*Ce Dieu absent qui fait problème.* P. 183)

C'est sur nous que la prière agit, pas sur Dieu. Si je prie en pensant agir sur Dieu, c'est comme attendre que la pluie mouille le lac. Quand je prie les mots de la prière de Jésus, je ne cherche pas à attendrir Dieu, il est Père. C'est sur nous que la prière agit, pas sur Dieu. La prière existe pour soutenir notre espérance, notre engagement à la réalisation du Royaume. La prière me provoque à me maintenir et à grandir dans le Royaume.

Les trois premières demandes du *Notre Père* concernent le Royaume à long terme, le Royaume achevé, universel, le monde nouveau. Celui que le Christ inaugure dans sa résurrection. Les trois dernières demandes parlent du Royaume à court terme, hier, aujourd'hui et demain. Les trois premières demandes évoquent le ciel, l'espace de Dieu où son amour rayonne déjà. Les trois dernières demandent évoquent la terre, l'espace de l'homme où se joue l'Histoire dans toutes ses ambiguïtés. Un jour ces deux espaces ne feront plus qu'un dans l'achèvement du Royaume. Pour le moment nous vivons le septième jour, celui qu'évoque le récit de la Genèse : le septième jour est celui du repos de Dieu, de son absence du monde des hommes parce qu'il a confié ce monde à l'homme et à son travail. Nous vivons donc le septième jour en attendant et en hâtant l'avènement du huitième jour, inauguré déjà par la résurrection du Christ : « La nuit (du septième jour) est avancée, le (huitième) jour est tout proche. » (Rm 13,12)

La demande du pain est au centre de la prière du *Notre Père*, malheureusement, les traductions ne lui rendent pas justice. La traduction la plus probable serait la suivante : donne-nous aujourd'hui le pain de demain, le pain de l'avenir (ton arton ton epiousion en grec : le pain de la « sur-existence », le pain de la vie d'après, le pain de la vie éternelle évoqué déjà par le pain eucharistique. Se nourrir aujourd'hui du pain de la « sur-vie », de la vie à-venir, c'est laisser l'aujourd'hui de l'histoire, de la vie et des combats de tous les jours se nourrir de l'espérance d'un jour nouveau, celui que le Christ a inauguré par sa Pâque. Ce pain nourrit chaque jour le croyant dans sa marche vers l'avènement du Royaume en soutenant son espérance et son attirance, ce pain qui permet de prendre contact avec son désir d'établir son Règne. Cette demande du pain fait le lien entre les trois premières demandes, celles du Royaume achevé, et les trois dernières demandes, celles du monde en chantier. Les traductions à usage liturgique ne rendent pas perceptible l'attente du Royaume, elles nous amènent qu'à la demande du pain quotidien. Le pain, c'est la vie; le pain de demain (ton arton ton epiousion), c'est la vie de demain, la vie éternelle, la vie en plénitude. Seigneur, donne-moi déjà ce pain du 8e jour pour que j'aie la force de pardonner, de lutter contre le Mal et les tentations afin que ton règne soit hâté, ton nom soit béni et ta volonté davantage réalisée!

Les trois dernières demandes concernent la vie et ses détresses, ses égarements et ses relèvements : « Il faut ensuite que notre passé personnel, qui enregistre toujours des détresses, des lâchetés, des refus, ne nous retienne pas comme des boulets en nous précipitant à nouveau dans la peur : pardonne-nous nos péchés. Et puisque c'est dans le prolongement concret vers les autres que l'on reconnaît les dons reçus de Dieu : pardonne-nous, libère-nous, attire-nous en avant. Il faut enfin que le prochain pas dans l'avenir immédiat soit une étape vers le Royaume achevé : ne nous soumets pas à la tentation – la tentation religieuse ou athée de se faire soi-même et à n'importe quel prix et par n'importe quel moyen – mais délivre-nous du mal! » (op. cit. p. 185) Ainsi, Père, ton nom sera sanctifié, ton règne avancera et ta volonté sera faite aussi bien sur terre qu'au ciel. Et ta volonté, c'est de nous amener au partage de ta gloire, de ta vie. Le *Notre Père*, une prière qui annonce l'avenir du monde, son achèvement, sa plénitude!

Table des Matières

Les grands axes de la pensée théologique de François Varone 1

Résurrection: mais pour quel corps? 3

Qu'est-ce qui est en perte au juste : la religion ou la foi? 8

Le Hasard ou la Providence? 10

Tu as la prière de ta foi 13

La pratique prophétique de Jésus 16

LA SOUFFRANCE : drame de salut! 20

RELIGION OU FOI : LA QUESTION DE L'HEURE! 24

SE DÉFAIRE DE SES POISONS 28

POUR UNE FOI POSSIBLE ENCORE! 28

UN DIEU JUGE QUI M'ATTEND DANS LE DÉTOUR 32

OU AVEC AMOUR? 32

LE DIEU TOUT AUTRE: JUSTE ET MISÉRICORDIEUX 34

LE SACRIFICE DE JÉSUS: L'OEUVRE DE SA VIE! 38

UNE VIE ACHEVÉE EN RÉSURRECTION! 43

PÉCHÉ ORIGINEL OU MANQUE ORIGINEL 48

DE MOYEN DE SALUT? 48

Dieu absent ou réduit au silence? 53

Le Notre Père : une prière tournée vers l'avenir 57

Oui, je veux morebooks!

i want morebooks!

Buy your books fast and straightforward online - at one of world's fastest growing online book stores! Environmentally sound due to Print-on-Demand technologies.

Buy your books online at
www.get-morebooks.com

Achetez vos livres en ligne, vite et bien, sur l'une des librairies en ligne les plus performantes au monde!
En protégeant nos ressources et notre environnement grâce à l'impression à la demande.

La librairie en ligne pour acheter plus vite
www.morebooks.fr

VDM Verlagsservicegesellschaft mbH
Heinrich-Böcking-Str. 6-8   Telefon: +49 681 3720 174   info@vdm-vsg.de
D - 66121 Saarbrücken   Telefax: +49 681 3720 1749   www.vdm-vsg.de

www.ingramcontent.com/pod-product-compliance
Lightning Source LLC
Chambersburg PA
CBHW020810160426
43192CB00006B/515